Ann-Christin Graé

Trinität im Neuen Testament

GRIN Verlag

Bibliografische Information der Deutschen Nationalbibliothek:

Die Deutsche Bibliothek verzeichnet diese Publikation in der Deutschen National-
bibliografie; detaillierte bibliografische Daten sind im Internet über http://dnb.d-
nb.de/ abrufbar.

Impressum:

Copyright © 2009 GRIN Verlag, Open Publishing GmbH
Druck und Bindung: Books on Demand GmbH, Norderstedt Germany
ISBN: 978-3-640-79032-6

Dieses Buch bei GRIN:

http://www.grin.com/de/e-book/164001/trinitaet-im-neuen-testament

INHALTSVERZEICHNIS

1 Einleitung

Ein zentraler Gegenstand des christlichen Glaubens ist der Glaube an die Dreifaltigkeit Gottes, an die so genannte Trinität. In der christlichen Theologie bezeichnet die Trinität die Beschaffenheit Gottes, dessen Einheit aus dem Vater, dem Sohn und dem Heiligen Geist besteht. Dieses Gedankenkonstrukt hat sich nach jahrhundertlanger Reflexion innerhalb der christlichen Kirche herausgebildet wie auch weiterentwickelt. Es versucht ansatzweise das Wesen Gottes und den monotheistischen Glauben des Christentums zu beschreiben. Gott ist in Jesus Christus zu den Menschen gekommen. Er ist Mensch und steht zugleich auch als Gott neben dem Vater. Bereits diese „Zweifaltigkeit" scheint der monotheistischen Grundeinstellung von der Einzigkeit Gottes zu widersprechen. Hinzu kommt jedoch noch die „eigenständige Seinsweise"[1] des Heiligen Geistes.

Für viele Christinnen und Christen kann diese trinitarische Struktur Gottes in der alltäglichen Glaubenspraxis nicht mehr nachvollzogen werden. Diese triadische Formeln begegnen dem Christen in der Liturgie zum Beispiel im Vater-Unser oder in der Bibel in 1 Kor 12, 3-6, 2 Kor 13,13 und Mt 28,19.

Die Trinitätslehre „ist eine unermeßliche [sic!] Ansammlung von Überlegungen, Wegen, Abwegen und dogmatischen Definitionen, welche die Glaubensgemeinschaft durch die Jahrhunderte hin betrieben hat"[2]. Wenn man bedenkt, dass sich diese Metatheorie über einen sehr langen Zeitraum entwickelt hat, stellt sich die Frage, inwiefern die Trinitätslehre bereits in den biblischen Zeugnissen, insbesondere im Alten und im Neuen Testament verankert ist. Vorweg kann festgehalten werden, dass sich alle drei Namen, Vater, Sohn und Heiliger Geist zur Beschreibung des *einen*

---

[1] Oberdorfer, Bernd: Art. „Trinität/Trinitätslehre. I Begrifflichkeit". In: RGG⁴ 8 (2005), Sp. 601f.

[2] Boff, Leonardo: Der dreieinige Gott. Düsseldorf 1987. (Bibliothek Theologie der Befreiung: Gott, der sein Volk befreit), S. 40.

Gottes in der Bibel finden lassen. Somit bilden die biblischen Zeugnisse die Grundlage für die Trinitätslehre.

Im Alten Testament finden sich erste Tendenzen einer Trinität Gottes. Die Spuren hierzu bleiben jedoch immer ambivalent. Im neuen Testament hingegen wird präziser auf diese Entwicklung zurückgegriffen. Das Alte Testament kann somit nur als Grundlage für ein Verständnis des dreieinigen Gottes gelten, wohingegen das gesamte Neue Testament für die frühe Kirche als Vorlage für die Trinitätslehre genutzt wurde.

Der Betrachtungsgegenstand dieser Protokoll-Ausarbeitung soll die Trinität in der biblischen Grundlage, insbesondere im Neuen Testament sein. Ausgewählte Textbeispiele sollen zur Verdeutlichung hinzugezogen werden.

2 Trinität im Neuen Testament

Das Neue Testament ist ein Zeugnis der menschgewordenen Gegenwart des Sohnes und der pneumatischen Gegenwart des Heiligen Geistes. Einerseits durch das Ereignis an sich und andererseits durch die Worte, die den Sinn dieses Ereignisses verkünden.

Die trinitarische Wirklichkeit vor dem Christusereignis wurde auf vielfältige Weise angekündigt: Auf der einen Seite in den Worten und Taten des Alten Testaments, aber auch in den Weltreligionen und den Geschehnissen der Geschichte. [3]

Im Neuen Testament gibt es noch keine Trinitäts*lehre* in dem in der Einleitung bereits erwähnten Sinne, obgleich die häufig auftretenden Dreier-Formeln erste Anzeichen für diese geben. Der trinitarische Glaube ist vor allem in der Taufkatechese und in der Liturgie, insbesondere in der Doxologie präsent. [4]

2.1 Trinitarische Taufformel (Mt 28,19)

Ein Beispiel für die trinitarische Formel in der Taufkatechese ist die Bibelstelle Mt 28,19: *„Darum gehet hin und machet zu Jüngern alle Völker: Taufet sie auf den Namen des Vaters und des Sohnes und des heiligen Geistes."* Diese bei dem Evangelisten Matthäus erwähnte Taufformel findet bei den anderen Evangelisten keine Erwähnung; Folglich gehört sie zum Sondergut des Matthäus. Konsens der Forschung ist es, dass diese Formel nicht auf den auferstandenen Jesus zurückzuführen ist, sondern sich hier die Lehre der Gemeinde des Matthäus manifestiert hat, welche sich schon umfassend mit dem wichtigsten Ritus der Taufe im Einzelnen auseinandergesetzt hatte. „Im Namen des Vaters, des Sohnes und des

---

[3] Vgl. Boff, Leonardo: Der dreieinige Gott. Düsseldorf 1987. (Bibliothek Theologie der Befreiung: Gott, der sein Volk befreit), S. 41.

[4] Vgl. a.a.O., S. 51.

Heiligen Geistes getauft zu werden heißt, in die Gemeinschaft dieser drei Personen hineingetauft, ihrem besonderen Schutz anvertraut zu werden."[5] Bereits um das Jahr 85 n.Chr., der Zeit als Matthäus sein Evangelium verfasste, kann ein trinitarischer Glaube in der matthäischen Gemeinde festgestellt werden. Die Formel dieses Evangelisten dürfte längere Zeit im Umlauf gewesen sein, bis es zu einer Manifestation in der Evangelientradition und in ihrer heutigen Funktion gekommen ist.[6] Sehr wahrscheinlich ist die Katechese von Anfang an triadisch gestaltet gewesen.[7]

2.2 Dreierformel in der Liturgie (2 Kor 13,13)

In der sakramentalen Praxis, insbesondere der Taufe und der Eucharistie, wird ein erster Glaube an die trinitarische Wahrheit bekannt. Paulus hat die in 2 Kor 13,13 gebrauchte Dreierformel *„Die Gnade unseres Herrn Jesus Christus und die Liebe Gottes und die Gemeinschaft des heiligen Geistes sei mit euch allen!"* in seinen Briefen mit kleinen Modifizierungen aufgenommen und so weiterverbreitet (z.B.: Röm 16,20f. und 1 Kor 16,23). Die Bezeichnung „Liebe Gottes" in dieser Formel bezieht sich auf den Vater, da allgemein im Neuen Testament die Bezeichnung „Gott" ein Synonym für den „Vater" ist und dieser „hat die Welt so sehr geliebt, daß er seinen Sohn sandte"[8]. Die Verbindung von den Wörtern „Liebe" und „Gott" lässt keinen anderen Schluss zu, als dass es sich in diesem Vers um den Vater handelt. Somit sind in dieser trinitarischen Wendung die drei Substanzen, oder auch Hypostasen Gottes zu finden.

---

[5] Boff, Leonardo: Der dreieinige Gott. Düsseldorf 1987. (Bibliothek Theologie der Befreiung: Gott, der sein Volk befreit), S. 52.

[6] Vgl. ebd.

[7] Vgl. Ganoczy, Alexandre: Der dreieinige Schöpfer. Trinitätstheologie und Synergie. Darmstadt 2001, S. 178.

[8] Vgl. ebd.

2.3 Drei Gnaden- und Heilsquellen (2 Thess 2,13f.)

Auch in 2 Thess 2,13f. findet sich eine ansatzweise trinitarische Denkwei-
se: *„Wir aber müssen Gott allezeit für euch danken, vom Herrn geliebte
Brüder, daß Gott euch als erste zur Seligkeit erwählt hat, in der Heiligung
durch den Geist und im Glauben an die Wahrheit, wozu er euch auch be-
rufen hat durch unser Evangelium, damit ihr die Herrlichkeit unseres Herrn
Jesus Christus erlangt.".* An dieser Stelle ist noch keine trinitarische
Denkweise ausgebildet, doch der Vater, der Sohn, wie auch der Heilige
Geist stehen im Zentrum der Gnaden- und Heilszusage. Zum einen ist
Gott Herr und zum anderen Jesus Christus. Dem Heiligen Geist kommt
hier die entscheidende Funktion der Heiligung zu.

Wenn es in der Bibel dieses trinitarisch organisierte Denken nicht gegeben
hätte, „wäre es unmöglich [gewesen] zu den trinitarischen Ausdruckswei-
sen, erst im Gottesdienst [...], dann in der theologischen Reflexion gekommen"[9] zu sein.

2.4 Trinitätsgedanke bei Johannes

Bei Johannes kommt die innergöttliche Gemeinschaft, die Trinität, als
Vorbild für die Gemeinschaft der Christen zum Ausdruck: *„Ich bitte aber
nicht allein für sie, sondern auch für die, die durch ihr Wort an mich glauben werden, damit sie alle eins seien. Wie du, Vater, in mir bist und ich in
dir, so sollen auch sie in uns sein, damit die Welt glaube, daß du mich ge-
sandt hast."* (Joh 17,20f.)
Hauptsächlich in den so genannten Abschiedsreden des Johannesevan-
geliums wird herausgestellt, dass sich die Einheit von Vater und Sohn auf
die gesamte Jüngerschaft Jesu auswirken soll.[10]

---

[9] Boff, Leonardo: Der dreieinige Gott. Düsseldorf 1987. (Bibliothek Theologie der Befreiung: Gott, der sein Volk befreit), S. 53.

[10] Vgl. Greshake, Gisbert: An den drei-einen Gott glauben. Ein Schlüssel zum Verstehen.
Freiburg i.B. 1996, S. 62f.

2.5 Trinitätsgedanke in weiteren neutestamentlichen Texten

Viele weitere paulinische Schriften enthalten eine ansatzweise trinitarische Denkweise, wie unter dem Gliederungspunkt 2.3 exemplarisch gezeigt wurde. Es findet sich aber weder bei Paulus eine ausgebildete trinitarische Ansicht, noch in anderen neutestamentlichen Schriften. Hiervon ausgenommen sind die vier Evangelien, da diese zu einem späteren Zeitpunkt, in den und für die jeweiligen Gemeinden verfasst worden sind.

Charakteristisch für die Trinität bei Paulus ist die Darstellungsweise des Heiligen Geistes, der ein eigenständiger Zeuge, eine denkende, forschende und redende Manifestation Gottes ist.

3 Schlussreflexion

Der Glaube an die Dreieinigkeit war in seinen Anfängen zunächst eine eher „selbstverständliche Glaubenserfahrung [...] als eine vom Verstand ausgearbeitete Lehre"[11]. Bereits in den ältesten neutestamentlichen Zeugnissen findet sich eine trinitarisch organisierte Denkweise. Bei den Evangelisten hat sich die trinitarische Denkweise bereits manifestiert und ist zu einem festen Bestandteil in der Liturgie der frühen Kirche geworden.

Die Trinitätslehre hat sich auf eine so facettenreiche Weise entwickelt, dass die Reflexion der Christenheit über die Dreieinigkeit Gottes, dem zentralen Glaubenspunkt des Christentums, auch in Zukunft noch weitergehen wird und noch nicht ihren Endpunkt erreicht hat. Doch bereits Leonardo Boff formulierte, dass „das Dreifaltigkeitsgeheimnis [...] immer dunkel sein [wird], im einen wie im anderen Ausdruck"[12]. Er weist richtig darauf hin, dass „alles christliche Nachdenken [...] unvermeidlich immer auf die Zeugnisse achten müssen [wird], die zuerst das erhabene Geheimnis des Vaters, des Sohnes und des Heiligen Geistes als die höchste Offenbarung des göttlichen Mysteriums geahnt haben"[13].

Interessant wäre es zudem noch gewesen, Überlegungen zum Einsatz der Trinität im Religionsunterricht anzustellen oder auf das Verhältnis der trinitarischen Gotteserkenntnis und der Gemeinschaft der Glaubenden einzugehen, doch dies hätte den Rahmen dieser kurzen Protokollausarbeitung deutlich überstiegen.

An dieser Stelle soll nur kurz angemerkt werden, dass es in der religiösen Umwelt des Neuen Testaments nur statische Menschenbilder gab. Es herrschte ein Dualismus zwischen Gott und der Welt: Der Mensch hat sich entweder mit Gott selbst identifiziert oder Gott weit von sich geschoben. Dieser Gedanke wird ganz klar von dem christlichen, trinitarischen Got-

---

[11] Boff, Leonardo: Der dreieinige Gott. Düsseldorf 1987, S. 58.

[12] A.a.O., S. 55.

[13] Ebd.

tesbild durchbrochen. Hier geht es um die Gemeinschaft zwischen Gott und Mensch. Diese innergöttliche Gemeinschaft wird als Vorbild für die Gemeinschaft der Christen genommen. Einerseits bleibt Gott das Gegenüber der Menschen, doch er kann ihnen durch seine drei Hypostasen ganz nahe kommen. Dies wird vor allem im Johannesevangelium deutlich.

Literaturverzeichnis

Boff, Leonardo: Der dreieinige Gott. Düsseldorf 1987. (Bibliothek Theologie der Befreiung: Gott, der sein Volk befreit)

Ganoczy, Alexandre: Der dreieinige Schöpfer. Trinitätstheologie und Synergie. Darmstadt 2001.

Greshake, Gisbert: An den drei-einen Gott glauben. Ein Schlüssel zum Verstehen. Freiburg i.B. 1996.

Oberdorfer, Bernd: Art. „Trinität/Trinitätslehre. I Begrifflichkeit". In: RGG[4] 8 (2005), Sp. 601f.